BEI GRIN MACHT SICH IHR WISSEN BEZAHLT

AF167162

- Wir veröffentlichen Ihre Hausarbeit, Bachelor- und Masterarbeit

- Ihr eigenes eBook und Buch - weltweit in allen wichtigen Shops

- Verdienen Sie an jedem Verkauf

Jetzt bei www.GRIN.com hochladen und kostenlos publizieren

Qualitätsmanagement und Evaluation in der Weiterbildung. Die Modelle LQW und LQB

Vanessa Gisch

Bibliografische Information der Deutschen Nationalbibliothek:

Die Deutsche Nationalbibliothek verzeichnet diese Publikation in der Deutschen Nationalbibliografie; detaillierte bibliografische Daten sind im Internet über http://dnb.d-nb.de abrufbar.

ISBN: 9783346643834
Dieses Buch ist auch als E-Book erhältlich.

Druck und Bindung: Books on Demand GmbH, Norderstedt Germany
Gedruckt auf säurefreiem Papier aus verantwortungsvollen Quellen

Das vorliegende Werk wurde sorgfältig erarbeitet. Dennoch übernehmen Autoren und Verlag für die Richtigkeit von Angaben, Hinweisen, Links und Ratschlägen sowie eventuelle Druckfehler keine Haftung.

Das Buch bei GRIN: https://www.grin.com/document/1195046

Deckblatt für Einsendearbeiten im

Fernstudiengang „Erwachsenenbildung"

Adresse	
Name	Gisch
Vorname	Vanessa

Einsendeaufgabe 1

LQW und LQB aus einer pädagogischen Perspektive

a) Lehr-Lern-Prozess

b) Aufforderung an Organisationen, sich darüber zu verständigen, was sie unter pädagogischer Qualität verstehen

c) Lernerorientierte Qualitätstestierung zu Reflexivität

Das Qualitätsmodell LQW dient der Lernerorientierten Qualitätstestierung in der Weiterbildung mit der Besonderheit, dass der Lehr-Lernprozess konsequent berücksichtigt wird. Es handelt sich hierbei um ein branchenspezifisches Modell, das als methodisch-didaktisches Instrument anzusehen ist. Dieses soll der Anregung sowie Unterstützung des organisationalen Lernens von Weiterbildungseinrichtungen dienen, womit der Fokus auf der gesamten Organisation liegt. LQW verzichtet auf die inhaltlichen Vorgaben zur Erreichung der Anforderungen, die die Organisationen unnötig einengen würden. Dadurch haben die Weiterbildungsorganisationen die Möglichkeit ihre eigenen professionellen Standards zu bestimmen. Die Qualitätsanforderungen werden von der Organisation für alle Bildungsangebote übergreifend festgelegt. (vgl. Tödt/ Zech 2012, S. 67)

Die Lernerorientierte Qualitätstestierung für Bildungsveranstaltungen (LQB) stützt sich wie LQW insbesondere auf den Bildungsprozess. Der Fokus liegt jedoch auf der Qualitätsentwicklung einer konkreten Bildungsveranstaltung, für die entsprechende Anforderungen zur Sicherstellung der Qualität und Weiterentwicklung bestimmt werden. (vgl. ebd., S. 71) Hierin liegt ein wesentlicher Unterschied zur LQW, bei der die Anforderungen in einer eher abstrakten Art und Weise formuliert werden (vgl. ebd., S. 67). Damit ist LQB profitabel für Weiterbildungsorganisationen, die neben der Qualitätsentwicklung der gesamten Organisation, Arbeitshilfen suchen, die der gezielten Evaluierung und Planung von einzelnen Bildungsangeboten oder neuen Konzepten dienen sowie die pädagogisch fundierte Qualitätsentwicklung und –testierung nicht außeracht lassen wollen. (vgl. ebd., S. 71)

Im Nachfolgenden werden die beiden Modelle aus einer pädagogischen Perspektive unter den Punkten a) bis c) bewertet.

Zu a): Der Lehr-Lern-Prozess wird bei LQW bereits durch die Begründung aus dem Bildungsprozess heraus in den Blick genommen. Der Lernprozess der Lernenden wird systematisch in den Fokus gesetzt, unter Orientierung an den sechs Prämissen und dem individuell für die Organisation bestimmten Leitbild sowie der formulierten Definition von gelungenem Lernen. (vgl. ebd. S. 59 ff.)

Das Leitbild als auch die Definition von gelungenem Lernen bildet den Referenzpunkt und dient der Verständigung über das gemeinsame pädagogische Selbstverständnis (vgl. ebd., S. 67 ff.). Weiterhin stellt es den Ausgangspunkt für die weiteren Qualitätsbemühungen dar, sodass die Weiterbildungsorganisationen gezwungen sind, „[...] organisatorische Aspekte und Verfahrensweisen mit den pädagogischen Ansprüchen zu verbinden." (Hartz/ Meisel 2011, S. 76 nach Tödt/ Zech 2012, S. 67)

LQB wurde als Ergänzung zu LQW entwickelt, um die Qualitätsentwicklung noch näher an den Lehr-Lern-Prozess heranzuführen. Darüber hinaus ist es mit LQB – entsprechend LQW – auch möglich die Entwicklung der Qualität auf der Ebene einzelner Bildungsangebote zu testieren. (vgl. Tödt/ Zech 2012, S. 68)

Zu b): Inwiefern die Organisationen im Rahmen der beiden Modelle gefordert werden sich darüber zu verständigen, was sie unter pädagogischer Qualität verstehen, wird im folgenden Abschnitt dargelegt.

LQW orientiert sich, wie weiter oben bereits ausgeführt, neben dem Leitbild und der Definition des gelungenen Lernens an den sechs Prämissen. Diese sind folgende:

> „1. Der Lernende steht als „kundiger Produzent" von Bildung im Mittelpunkt aller Qualitätsbemühungen.
> 2. Es geht nicht nur um Qualitätssicherung, sondern – ausgehend von sich verändernden Umweltbedingungen – um kontinuierliche Qualitätsentwicklung.
> 3. Um der Reflexivität von Bildung gerecht zu werden, wird die Verbesserung der organisationalen Bildungsbedingungen als reflexiver Prozess gestaltet.
> 4. Es handelt sich bei LQW nicht nur um ein externes Begutachtungsverfahren, vielmehr werden die Entwicklungspotenziale der Weiterbildungsorganisationen berücksichtigt und gefördert.
> 5. LQW ist für ganz unterschiedliche Organisationsformen anwendbar. Jede Organisation kann LQW an ihre besonderen Bedingungen anpassen.
> 6. Durch das LQW-Netzwerk wird die Vergleichbarkeit von Weiterbildungsorganisationen unterstützt. So wird Organisationslernen durch wechselseitige Beratung ermöglicht."
> (ebd., S. 59)

Beim Leitbild werden die Organisationen dazu aufgefordert eine entsprechende Selbstbeschreibung vorzunehmen. Dieses bildet die Basis und stellt einen handlungsleitenden Rahmen für den gesamten Qualitätsentwicklungsprozess dar. Die Definition gelungenes Lernen ist fest darin verankert. Auf deren Basis sind alle Planungen und Entscheidungen im Hinblick auf die organisationalen Entwicklungen und den Prozess der Qualitätsentwicklung vorzunehmen. (vgl. ebd., S. 59 f.) Dabei soll das gelungene Lernen so abstrakt definiert werden, dass es für das Lernen der Teilnehmenden in den verschiedenen Bildungsveranstaltungen Gültigkeit hat. Darüber hinaus ist die Definition entsprechend zu konkretisieren, um die Besonderheit der jeweiligen Organisation herauszustellen. Die Organisationen werden dadurch aufgefordert den optimalen Endzustand/Output des Lehr-Lern-Prozesses zu beschreiben. Es wird damit festgehalten, was die Lernenden im Optimalfall nach der Bildungsveranstaltung erreicht haben sollten. Dies zieht sich als roter Faden durch die Organisation und Gestaltung des Lehr-Lern-Prozesses sowie der benötigten Rahmenbedingungen, wie die räumliche Gegebenheiten, die technische Ausstattung und die Lernmedien/-material etc. Die Organisationen und deren Lehrenden werden dazu angehalten ihr Handeln zu reflektieren, zu begründen und gemeinsam die Qualitätsentwicklung der jeweiligen Organisation in eine Richtung zu lenken. (vgl. ebd., S. 60 f.)

Damit das Lernen gelingen kann, ist die Qualität des Lehrens zu gewährleisten. Die Weiterbildungsorganisationen werden nach LQW dazu angehalten, die über die elf verpflichtenden Qualitätsbereiche definierten Anforderungen für sich passend umzusetzen. Es sind dabei nicht alle Anforderungen verpflichtend zu erfüllen. Die Organisationen können die Anforderungen um individuelle Qualitätsbereiche und Kriterien erweitern, die ihr dabei helfen die Bildungsbedingungen zu verbessern. Die Mitarbeitenden bzw. Lehrenden haben diese im Hinblick auf deren Vorbereitung und Durchführung des Lehr-Lern-Prozesses zu berücksichtigen. Auf diese Weise sind den Organisationen die Steuerung des Lehrhandelns im Sinne des Leitbildes möglich. Dazu zählen bspw. auch Beratungsangebote, die die Lehrenden wahrnehmen sollen, oder die regelmäßige Durchführung von Lehrveranstaltungsevaluationen, die ihrer eigenen Reflektion und die des Bildungsprozesses dienen. Darüber hinaus können die verpflichtenden Qualitätsbereiche von der Organisation durch eigene optionale Bereiche ergänzt werden, in denen Anforderungen definiert werden. (vgl. ebd., S. 61 ff.)

Jede Organisation wird dadurch in die Lage versetzt, darüber nachzudenken und zu begründen, welche Schlüsselprozesse relevant für sie sind und in welcher diese sinnvoll dokumentiert werden können. Es sind die Qualifikationen und Kompetenzen der Lehrenden festzulegen und zu begründen, die die Voraussetzungen für die Einstellung darstellen. Weiterhin ist darzulegen wie diese im Rahmen der Einstellung überprüft und dokumentiert werden. (vgl. ebd., S. 64)

So orientiert sich LQB an der Grundlogik und Vorgehensweise von LQW mit zwei kleinen Unterschieden. Die Definition des gelungenen Lernens bezieht sich nicht auf das pädagogische Verständnis der gesamten Weiterbildungsorganisation, „[…] sondern zielt auf das Lernverständnis, das handlungsleitend für die jeweils konkret in den Blick genommene Bildungsveranstaltung ist. Die Definition gelungenen Lernens ist in diesem Fall somit etwas enger und konkreter gefasst." (ebd., S. 71) Die Anforderungen an den Gesamtprozess einer Bildungsveranstaltung werden über zehn vorgegebene Qualitätsbereiche definiert, die durch die Organisationen individuell angepasst und ergänzt werden können. (vgl. ebd., S. 68 f.)

3

Zu c) Im folgenden Abschnitt wird verdeutlicht inwieweit die Organisationen über die Arbeit mit der Lernerorientierten Qualitätstestierung zu Reflexivität in Bezug auf das eigene Tun angeregt werden.

LQW versteht Qualitätsentwicklung unter anderem als Methode zur Orientierung sowie zur Reflektion des pädagogischen Handelns und verbindet systematisch die Selbst- und Fremdreflexion. Dabei handelt es sich um einen kontinuierlichen Prozess der Qualitätsentwicklung. Die Organisationen werden dazu aufgefordert basierend auf den Anforderungen der Qualitätsbereiche sich selbst zu evaluieren und zu reflektieren sowie die Punkte in einem Selbstreport zu dokumentieren. Die Organisationen beschreiben ihre Inhalte, Verfahren und Ergebnisse, sodass diese für Außenstehende gut lesbar und verständlich sind. Sie dokumentieren ihr Tun, dessen Nutzen und welche Verbesserungsanstrengungen unternommen wurden. Zusammenfassend und beispielhaft werden die inhaltlichen Ergebnisse wie die einer durchgeführten Evaluation beschrieben und reflektiert. Diese Selbstdarstellung und Reflektion dienen der eigenen Überprüfung des organisationalen Tuns und der Qualität, welche zum systematischen Verbesserungsprozess und der Ableitung von Maßnahmen beitragen. Diese Selbstreflexivität wird durch die Ergänzung um eine Fremd-Begutachtung von außen gesteigert, womit insgesamt die Entwicklungsorientierung des Qualitätsmodelles hervorgeht. Wurden alle Anforderungen der Qualitätsbereiche erfüllt und neue strategische Entwicklungsziele für die nächste Qualitätsentwicklungsperiode bestimmt, wird das Testat vergeben. Dieses ist für die Dauer von vier Jahren gültig. Nach diesen vier Jahren wird für die Retestierung ein fortgeschriebener Selbstreport verlangt, der erneut wie bei der Ersttestierung begutachtet wird. (vgl. ebd., S. 64 ff.)

Diesem Prinzip bzw. dieser Vorgehensweise folgt auch die Qualitätstestierung nach LQB. Die Selbst- und Fremdreflexion werden miteinander verbunden und nach Erfüllung der Anforderungen erfolgt die Übergabe des LQB-Testats für das jeweilige Bildungsangebot, mit dem Unterschied zu LQW, dass dies jährlich durch einen Veränderungsreport aktualisiert werden muss. Inhalte dieses Veränderungsreportes sind Konzept-Modifikationen des Bildungsangebotes, die zu beschreiben und zu begründen sind. (vgl. ebd. S. 71)

Einsendeaufgrabe 2

Vorschläge zur Einbindung freiberuflicher beschäftigter Lehrenden in die Qualitätsentwicklung

Ausschlagend/Voraussetzung für die Gestaltung der Qualität in einer Weiterbildungs-organisation ist neben der Professionalisierung auch die Qualitätsentwicklung. Beide Seiten beeinflussen sich wechselseitig und müssen daher zusammen Berücksichtigung finden. (vgl. Tödt/ Zech 2012, S. 96)

Dabei stellen die von der Bildungsorganisation festgelegten Bedingungen den Rahmen für das Gelingen von Bildung dar. Diese Rahmenbedingungen tragen zur Gewährleis-tung der organisationalen Qualität bei. Die organisationale Qualität stellt eine wesentli-che Voraussetzung für die Qualität der Bildung dar. Diese kann sich folglich selbst über den Lehr-Lern-Interaktionsprozess realisieren. Es bedarf jedoch besonderer Anstren-gung von Seiten der Organisation, damit die Qualitätsentwicklung im praktischen pä-dagogischen Handeln ankommt. (vgl. ebd., S. 96)

Dazu sind unter anderem, die Lehrenden und deren Professionalität stärker in den Blick zu nehmen, da sie für die Gestaltung des Lehr-Lern-Prozesses verantwortlich sind. Es handelt sich häufig um Referenten/innen und Dozierende, die in den Weiter-bildungsorganisationen nebenberuflich tätig sind. Die Einbindung der nebenberuflichen Lehrenden ist mit besonderen Herausforderungen verbunden, da sie meist nur punktu-ell in der Organisation tätig sind und daher nur geringe zeitliche Ressourcen zur Verfü-gung stehen. Trotzdem ist darauf zu achten, dass auch die extern „eingekauften" Dienstleister/innen systematisch in die Qualitätsentwicklungsprozesse und das Quali-tätsmanagement der Organisation einbezogen werden. (vgl. ebd., S. 96)

Die Erstellung eines Kompetenzkataloges, in dem die Kompetenzanforderungen und –profile für das Lehrpersonal beschrieben sind, kann beispielsweise eine Möglichkeit darstellen. Dieser Katalog kann bereits zur Einstellung des Personals Anwendung fin-den. (vgl. ebd., S. 96)

Weiterhin sollten Konzepte und Maßnahmen festgelegt werden, die den Lehrenden zur Weiterbildung bzw. zum kontinuierlichen Ausbau ihrer Kompetenzen dienen. Diese Maßnahmen können beispielsweise Bestandteil von Leistungsvereinbarungen sein, die mit der Einstellung für den Zeitraum des Beschäftigungsverhältnisses schriftlich fest-gehalten werden. Auf diese Weise können die Lehrenden dazu motiviert werden ihr Wissen, ihre Kenntnisse und Kompetenzen regelmäßig weiterzuentwickeln. Die Leis-tungsvereinbarungen können die Basis für die regelmäßig stattfindenden Personalentwicklungsgespräche mit der Organisationsleitung darstellen und können so als Kennzahlen zur Prüfung dienen, ob die Lehrenden ihre persönlichen Entwicklungsziele erreicht haben. Feedbackgespräche sollen der Selbstreflexion der Lehrenden dienen. Dadurch können sie darauf zurückblicken, welche Ziele sie erreicht haben und sich neue Ziele stecken. Sie können erkennen wie wichtig Weiterbildung ist und dazu angeregt werden sich eigenständig der Kompetenzentwicklung zu stellen, um die pädagogische Qualität sicherstellen zu können. (vgl. ebd., S. 96)

Sollte sich die Einbindung dennoch als schwierig erweisen, sollte zumindest sichergestellt werden, dass die Referenten/innen über alle Aspekte des Qualitätsmanagements und die angestrebten Entwicklungsziele der Weiterbildungseinrichtung in Kenntnis gesetzt sind. (vgl. ebd., S. 96 f.)

Darüber hinaus ist die Einbindung in die Reflexionsprozesse zur pädagogischen Qualität der Bildungseinrichtung von Bedeutung. Denn sie können als „Außenstehende" wertvolle Anregungen und Verbesserungsideen mit in den Qualitätsentwicklungsprozess einbringen. Aufgrund der Schnittstelle zwischen Lehrenden und Bildungsadressaten, ist es ihnen möglich Wünsche, Bedarfe oder Probleme der Bildungsteilnehmenden entgegenzunehmen und in die Organisation zurückzuleiten. Regelmäßige Evaluationen der Bildungsveranstaltungen können den Entwicklungsprozess unterstützen und veranlassen die Lehrenden zur Selbstreflektion. (vgl. ebd., S. 96 f.)

Die aktive Einbindung der externen Lehrbeauftragten ermöglicht ein besseres Kennenlernen und Vernetzen der Beschäftigten sowie die Steigerung der Identifikation mit der Weiterbildungsorganisation für die sie tätig sind. Das vereinfacht die gemeinsame Zusammenarbeit und fördert den Wissenstransfer untereinander. (vgl. ebd., S. 56)

Einsendeaufgabe 3

Unterschied zwischen wissenschaftlicher Evaluation und Alltagsbewertung

Der Begriff Evaluation wird auf sehr unterschiedliche Weise definiert. Die Herkunft liegt im französischen und angelsächsischen Sprachraum. Dabei entstammt der Begriff dem französischen Substantiv „valeur" (im Sinne von „prix" = also auch Wert), woraus „éva-luation" (= Schätzung, Ermittlung, Wertbestimmung) abgeleitet wurde. (vgl. Beywl et al. 2015, S. 14 f.)

Daraus hervorgegangen ist das englische Substantiv „evaluation" (= Einschätzung, Auswertung), das die Grundlage für die heute im Deutschen gebräuchliche Form des Begriffes darstellt (vgl. ebd. S. 15).

Diesen beiden Definitionen folgend steht Evaluation für das alltägliche Handeln eines Menschen. „Denkend oder sprechend wird auf Basis eines Sinneseindruckes, z. B. des Blicks aus dem Fenster oder der herausgehaltenen Hand, ein Urteil – hier: über das Wetter – abgegeben." (ebd., S. 15) Dies entspricht einer einfachen Alltagsbewertung.

Die Evaluation hat über die letzten Jahrzehnte an Bedeutung gewonnen, insbesondere im Bereich der Bildung. So wird auch seit Kromrey (2001) zwischen der einfachen All-tagsbewertung und der wissenschaftlichen Evaluation unterschieden. (vgl. ebd., S. 7 ff.)

Bei der wissenschaftlichen Evaluation handelt es sich um eine Methode zum kontrol-lierten Sammeln, Auswerten und Verwerten von Informationen. Diese Informationen dienen dem besseren Verständnis und der Gestaltung von Maßnahmen in der Praxis mittels Wirkungskontrolle, Steuerung und Reflexion. So dient die Evaluation der syste-matischen Organisations- und Qualitätsentwicklung. Bei Evaluationen von Bildungs-prozessen werden bspw. die Lehr-Lern-Prozesse zu festgelegten Zeiträumen mit ge-eigneten Instrumenten geprüft und bewertet. Der Maßstab hierfür stellt der Lernerfolg, die Teilnehmerzufriedenheit, die Realisierung des Eigenanspruches und in manchen Fällen auch die der Auftraggeber dar. (vgl. Tödt/ Zech 2012, S. V)

Die wissenschaftliche Evaluation unterscheidet sich von der alltäglichen Evaluation dadurch, dass festgelegt werden muss was von wem wie und nach welchen Kriterien zu bewerten ist. Das bedeutet, dass zunächst vor dem eigentlichen Evaluationsvorha-ben der Evaluationsgegenstand zu bestimmen ist. Mit diesem wird festgelegt wen oder was bewertet werden soll. Anschließend sind die Evaluationsmethoden festzulegen, die dazu dienen den Maßstab für die Bewertung zu setzen. (vgl. Balzer/ Beywl 2014, S. 6)

Letztendlich wird die wissenschaftliche Evaluation, im Gegensatz zur Alltagbewertung, durch qualifizierte Evaluierende mit entsprechenden Kenntnissen und Fertigkeiten durchgeführt. Dazu hat die DeGEval – Gesellschaft für Evaluation e. V. entsprechende Anforderungen und Kompetenzen zusammengestellt. Diese sind unabdingbar für die angemessene Durchführung der Evaluation. So sind unter anderem Grundkenntnisse zum Evaluationswesen, methodischen Kenntnisse zur Konzeptentwicklung und Daten-erhebung sowie soziale Kompetenzen unabdingbar. (vgl. ebd., S. 8)

Die Evaluation nützt der Bestimmung des Wertes, in diesem Fall der Güte und Taug-lichkeit, des Evaluationsgegenstandes. Grundlegende Voraussetzung dafür ist, dass die Evaluation systematisch, umfassend und objektiv durchgeführt wird. Dies wird durch die Festlegung der Evaluationsmethoden sichergestellt. (vgl. ebd., S. 6)

Einsendeaufgabe 4

Probleme unterschiedlicher Formen von Berichterstattung

Damit die Evaluation ihre Wirksamkeit für anstehende Entscheidungen in der Weiter-
bildungspraxis entfalten kann, ist zu überlegen welche Ergebnisse den Adressierten
zur Verfügung gestellt werden und welche Form hierzu angemessen erscheint. (vgl.
Balzer/ Beywl 2014, S. 121)

Je nach Berichterstattungsformat können auch Probleme auftauchen, die vorab durch
Überlegungen dieser Art, vermieden werden können.

Im Folgenden werden die Berichterstattungsformate von A) bis I) kurz erläutert und
anschließend werden Punkte notiert, wo mögliche Probleme bei einer solchen Berichterstattung liegen können.

A) *Zwischen-/ Fortschrittsberichte* sind nützlich, um die Transparenz des Vorgehens
   und des Evaluationsprozesses für die Stakeholder zu wahren. Über dieses Format
   der Berichterstattung können die Adressierten regelmäßig über Arbeitsfortschritte,
   Probleme und weitere Meilensteine informiert werden.

   Dabei kann es problematisch werden, wenn die Berichte nicht die wesentlichen
   Zwischenergebnisse verständlich darlegen oder die Erwartungen bzw. gesetzten
   Zwischenziele der Stakeholder zum Zeitpunkt der Berichterstattung nicht erfüllt
   werden. Dann wird von den Evaluierenden womöglich eine Erklärung erwartet oder
   es kommt zur Diskussion innerhalb der Stakeholder-Runde.

   (vgl. ebd., S. 129 ff.)

B) *Schlussberichte* dienen der kompletten, strukturierten und umfassenden Darstellung des Projektes, der Zugangsweise und der Ergebnisse. Dabei ist auf nachvollziehbare und vollständige Angaben zu achten, um diese am Ende des Evaluations-Projektes für die Adressierten offenzulegen. Auf diese Weise sollen die Evaluationsergebnisse den Stakeholdern zugänglich und nutzbar gemacht werden.

Jedoch reicht ein schriftlicher Bericht nicht aus, es ergeben sich Rückfragen von Seiten der Stakeholder und Diskussionsbedarf, worauf eingegangen werden muss. Dies macht zusätzlich ein persönliches Gespräch/Treffen erforderlich. Darum bietet es sich an nach der Aushändigung des schriftlichen Berichtes die Schlussfolgerungen den Adressierten nochmals anschaulich zu präsentieren. Das Problem hierbei ist, dass die Lesenden den schriftlichen Bericht im Vorlauf daran meist kurz vor Beginn der Sitzung innerhalb kürzester Zeit mit Fokus auf ihre eigenen Nutzungsabsichten durchlesen. Dazu muss ein entsprechender Aufbau sichergestellt sein, damit sie die zentralen Ergebnisse rasch finden können. Während der Diskussion in der Runde kann es aufgrund der Fokussierung auf die eigenen Erwartungen und Absichten zu Meinungsverschiedenheiten kommen mit denen die Evaluierenden umgehen können müssen.

(vgl. ebd., S. 129 ff.)

C) *Fokussierende Zusammenfassungen (Management Summaries)* zählen zu den Schlussfolgerungen. In diesem Berichterstattungsformat wird der Fokus auf die Empfehlungen und Entscheidungshilfen für die Adressierten gesetzt. Das Management Summary dient zur Kurzinformation voranstehenden Entscheidungen oder als Unterlage für Kurzpräsentationen. Es werden entsprechende Schwerpunkte gesetzt. Diese Art der Zusammenfassung richtet sich unmittelbar an die Schlüsselpersonen im Management. Hierzu zählen bspw. die Leitungen, Vorstände, Geschäftsführung, Sitzungsräte etc.

Bei der Erstellung der Management Summary ist darauf zu achten, dass alle relevanten Daten und Ergebnisse der Evaluation verständlich abgebildet werden, um als Entscheidungsgrundlage dienen zu können. Ansonsten kann es zu Verständnisproblemen kommen. Außerdem kann es aufgrund von mehreren, oft unabhängigen Stakeholdern zu Meinungsverschiedenheiten kommen, weshalb es sich anbietet die absehbaren positiven und negativen Folgen gegeneinander abzuwägen. Die Zusammenfassung sollte nach der Erstellung erneut durchgelesen und es sollte darüber nachgedacht werden, ob sie die entscheidende Person mit ihrem vorhandenen Wissen versteht, ihre Erwartungen erfüllt werden und auf dessen Grundlage eine gute Entscheidung treffen kann. Weiterhin ist der Zeitaufwand zur Erstellung zu berücksichtigen und der Umfang sollte so kurz wie möglich sein, aber dennoch alle notwendigen Informationen enthalten.

(vgl. ebd., S. 129 ff.)

D) *Newsletter/ Rundbriefe/ Flyer/ Broschüren* sind geeignet für langlaufende Projekte, bei denen die Mitwirkenden auf dem Laufenden gehalten werden. Über die Newsletter, Rundbriefe etc. können zu entsprechenden Messzeitpunkten die notwendigen Informationen oder nächsten Schritte bekannt gemacht werden, bspw. als Vorbereitung auf ein bevorstehendes Arbeitstreffen. Dies fördert die kontinuierliche Einbindung der Stakeholder und ihre Mitwirkungsbereitschaft. (vgl. ebd. S. 134 ff.)

E) *Pressearbeit/ Radio-/ TV-Interviews* können bei großen, politisch bedeutsamen Evaluationen Anwendung finden, um die Relevanz zu signalisieren und viele Menschen zu erreichen. Fokussiert wird sich auf verdichtete zentrale Botschaften von allgemeinerem Interesse, damit Evaluation bei Interessierten der Öffentlichkeit positioniert werden kann. Jedoch sind diese Berichterstattungsformate sehr anfällig für Miss- und Überinterpretationen, weshalb die Verwendung dieser Formate zunächst sehr sorgfältig mit den Auftraggebenden abzustimmen ist. (vgl. ebd. S. 174)

F) *Webseiten* gehören ebenfalls zu den Formaten, um ein breiteres Publikum anzusprechen. Vorteilhaft sind die Möglichkeit der termin- und ortsunabhängigen Nutzung und das gute Aufwand-Nutzen-Verhältnis, sofern die Webseite intensiv genutzt wird. Bei interaktiver Gestaltung der Webseite ist es jederzeit möglich den Adressierten Informationen bereitzustellen und sie damit bis zum Evaluationsabschluss auf dem Laufenden zu halten. Dies ist bei den Evaluierenden mit hohem Aktualisierungsdruck verbunden. (vgl. ebd. S. 174)

G) *Präsentationen (mündlich, gestützt durch Medien)* tragen nach der Aushändigung der schriftlichen Evaluationsberichte an die Adressierten zur besseren Veranschaulichung und Erläuterung der Ergebnisse anhand von Grafiken, Kennzahlen o.ä. bei. Genauso können sie auch relevant für Treffen sein, zur Präsentation des jeweiligen Zwischenstandes/-ergebnisses, wodurch die Beteiligten zur Mitwirkung an der Evaluation weiter gestärkt werden. Die Präsentationen tragen dazu bei, dass die Evaluierenden persönlichen Kontakt zu den Adressierten haben, direkte Rückmeldungen von ihnen erhalten und unrealistische Erwartungen korrigiert werden können. Es können unterschiedliche Stimmungslagen herrschen, die die Evaluierenden gekonnt bewältigen müssen. Um einen Konsens zu finden ist zum Teil Vermittlungsgeschick gefragt. (vgl. ebd. S. 174)

H) Bei *Poster/ Postersessions* handelt es sich um gute Darstellungsformen für große Gruppen zur „Ausstellung" der Ergebnisse bspw. im Rahmen von Fachtagungen. Die Evaluation und ihre Ergebnisse werden verdichtet und auf knappem Raum dargestellt, sodass sie für die Stakeholder selbsterklärend sind. Auf diese Weise ist ein längerer Aushang möglich, der mit Handouts für die Adressierten verknüpft werden kann. (vgl. ebd. S. 174)

I) *Arbeitstreffen mit Auftraggebenden und Stakeholdern* können genutzt werden, um gemeinsam relevante Themen, Fragen etc. zu definieren. Dies kann auch mit Tagungen verbunden werden, die die Expertise und das Feldwissen aktiviert. Die verschiedenen Perspektiven können gegenseitig verdeutlicht werden. Die Evaluierenden haben die Möglichkeit die Interpretationen der Evaluationsergebnisse vorzustellen und ggf. zu korrigieren. Die Stakeholder können ihre Bewertungen äußern, die schließlich geprüft werden können. Schließlich dient das Arbeitstreffen zur Nutzung der Evaluationsergebnisse, der gemeinsamen Lösungssuche und weiterer Arbeitsschritten sowie der Vorarbeit zur Entscheidung. (vgl. ebd. S. 133 ff.)

Die Berichterstattungsformate lassen sich in zwei Gruppen unterteilen. Die Formate unter Punkt A) bis C) können zur Gruppe der schriftlichen Berichte eingeordnet werden. Die restlichen Formate gehören zur Gruppe der personalinteraktiven Berichterstattungsformate, bei denen die mündliche Berichterstattung auf unterschiedliche Art und Weise erfolgt. (vgl. ebd., S. 128 ff.)

Die Berichterstattung erweist sich als nicht allzu einfach. „Sowohl Personen als auch Organisationen als Abnehmende von Evaluationsergebnissen erfordern anspruchsvolle Strategien der „Wissensrepräsentation" und „Wissenskommunikation", damit „Wissensnutzung" ausgelöst werden kann." (ebd., S. 121)

Dazu ist im besten Fall eine Kombination aus verschiedenen Berichterstattungsformaten wirksam, um den Erwartungen der Stakeholder gerecht zu werden und Ergebnisse bestmöglich veranschaulichen zu können. Denn ein schriftlicher Bericht reicht nicht zum Evaluationsabschluss aus und auch eine mündliche Präsentation der Ergebnisse bedarf einer gewissen Vorbereitung. Die Auswahl der Formate ist abhängig von der jeweiligen Zielgruppe, die gezielt erfolgen muss, um Widerstände und Konflikte zu vermeiden. Denkbar ist auch den jeweiligen Adressierten zunächst einen Bericht als Entwurf vorzulegen, der mit ihnen diskutiert und in die abschließende Interpretation mit einbezogen werden kann. Bei der Präsentation der Ergebnisse sollten kritische Informationen, nach dem Prinzip der positiven Verstärkung formuliert werden insbesondere, wenn einzelne Personen angesprochen sind. (vgl. Tippelt/ von Hippel 2018, S. 1529)

Literaturverzeichnis

Balzer, L./ Beywl, W. (2014): Evaluation in der Weiterbildung. 2., aktualisierte und überarbeitete Auflage. Studienbrief Nr. EB 0720 des Master-Fernstudiengangs Erwachsenenbildung der TU Kaiserslautern. Unveröffentlichtes Manuskript. Kaiserslautern.

Balzer, L./ Beywl, W. (2015): Evaluiert. Planungsbuch für Evaluationen im Bildungsbereich. 1. Auflage. Bern: hep Verlag. Unter : https://www.univation.org/sites/default/files/publikation/balzer-beywl_evaluiert-leseprobe.pdf (letzter Zugriff: 23.10.2019)

Tippelt, R./ von Hippel, A. (2018): Handbuch Erwachsenenbildung Weiterbildung. 6., überarbeitete und aktualisierte Auflage. Wiesbaden: Springer.

Tödt, K./ Zech, R. (2012): Gelungenes Lernen – Qualität und Qualitätsmanagement in der Weiterbildung. Studienbrief Nr. EB 0710 des Master-Fernstudiengangs Erwachsenenbildung der TU Kaiserslautern. Unveröffentlichtes Manuskript. Kaiserslautern.